INVENTAIRE

V 42676

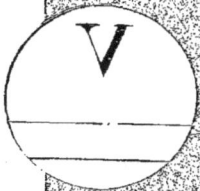

I0026094

V

W
4

INVENTAIRE
42.676

DESCRIPTION

DES PRINCIPALES

ARTILLERIES ÉTRANGÈRES

PAR

M. E. JOUFFRET

Capitaine d'Artillerie, adjoint au professeur du Cours d'artillerie à l'École d'application
de l'artillerie et du génie, à Fontainebleau.

QUATRIÈME PARTIE

ARTILLERIE SUISSE

V

BERGER-LEVRAULT et Cᵉ, LIBRAIRES-ÉDITEURS

PARIS | NANCY
RUE DES BEAUX-ARTS, 5 | RUE JEAN-LAMOUR, 11

1873

V

42676

DÉPÔT LÉGAL
Meurthe
77ᵉ 206
3

ARTILLERIE SUISSE

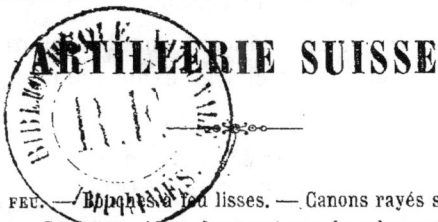

I. Bouches a feu. — Bouches a feu lisses. — Canons rayés se chargeant par la bouche. — Canons rayés se chargeant par la culasse. — II. Affuts et Voitures. — III. Munitions. — IV. Effets du tir. — V. Organisation.

I. BOUCHES A FEU [1].

L'artillerie suisse est comptée avec raison parmi les plus instruites : aussi toutes ses créations méritent-elles d'être étudiées avec une grande attention, et son matériel de campagne, pour la construction duquel elle a de bonne heure utilisé le fer, présente-t-il des qualités remarquables. Une description partielle en a déjà été donnée par la *Revue d'artillerie*, en octobre 1872, à la suite des expériences de Trouville [2].

Bouches à feu lisses. — L'artillerie suisse n'a conservé que trois bouches à feu lisses, dites *pièces de position*, savoir :

Un *canon de 6*, du calibre de $92^{mm},5$, lançant un boulet, un obus à balles et une boîte à balles ;

Un *obusier de 16ᶜ* (24 liv.), lançant un obus, un obus à balles, une boîte à mitraille et un obus incendiaire qui est analogue au *carcass* anglais ;

---

[1] **Mesures employées par l'artillerie suisse.** — L'unité de longueur employée dans les documents antérieurs à 1872 est le *pied* valant 0^m30 ; il se divise en 10 *pouces*, le pouce en 10 *lignes*, la ligne en 10 *points* ou *traits*. On écrit :

1^l	pour 1 pied, c'est-à-dire		$0^m,3$
1^{ll}	id.	1 pouce, id.	$0^m,03$
1^{lll}	id.	1 ligne, id.	$0^m,003$
1^{llll}	id.	1 point, id.	$0^m,0003$

L'unité de poids employée dans les mêmes documents est la livre de 500 grammes, subdivisée en fractions décimales.

Aujourd'hui l'artillerie suisse fait usage du système métrique, et exprime en centimètres le calibre des bouches à feu.

[2] Tome I, page 72.

JOUFFRET.   1

Enfin un *mortier de 22°*, lançant une bombe qui pèse, vide, 21^k,600, et reçoit une charge explosive de 2^k,200.

Canons rayés se chargeant par la bouche. — On adopta d'abord, en 1862, un canon rayé de 4, en bronze, se chargeant par la bouche, du calibre de 84^{mm},4, et d'une longueur d'âme de 17^c,05. Ce canon, qui se tire à la charge de 625 gr., ressemble beaucoup au canon français, mais réalise dans une certaine mesure, grâce à la disposition du projectile, les avantages du chargement par la culasse. La couronne d'ailettes postérieure est remplacée par un *culot expansif*, fait d'un alliage de $^9/_{10}$ de plomb et de $^1/_{10}$ de zinc; il est soudé au projectile et creusé en forme de coupe sur sa face postérieure. La partie cylindrique de ce culot, d'environ 15^{mm} de haut, porte six talons, dont le profil est le même que celui des rayures. Ce culot est complétement forcé contre la paroi du canon par la pression des gaz agissant dans sa partie concave, et la régularité du mouvement du projectile dans l'âme est ainsi assurée.

Deux canaux, percés obliquement à travers le fond et l'épaisseur de la paroi et prolongés par des rainures extérieures jusqu'au haut de la partie cylindrique, servaient primitivement d'évents aux gaz de la poudre pour leur permettre d'enflammer l'amorce de la fusée à durée. Ces évents ont été ensuite remplacés par des rainures pratiquées à côté des talons du culot, sur son pourtour. Ces dernières ont été elles-mêmes supprimées en 1866, époque où l'on adapta à la fusée un appareil percutant organisé de manière à détoner au départ du projectile.

Un canon de montagne a été construit en 1864, suivant les mêmes principes que le canon précédent. Il a le même calibre, une longueur d'âme de 10$^{cal.}$,35, et lance, à la charge de 300 gr., un obus ordinaire du poids de 3^k,920, ainsi qu'une boîte à mitraille renfermant 41 balles en zinc.

Canons rayés se chargeant par la culasse. — Quelque temps après, l'artillerie suisse adopta le chargement par la culasse, et elle possède aujourd'hui trois bouches à feu construites d'après ce principe, savoir: 1° un canon de 12^c, pièce de position, adopté en 1867; 2° un canon de campagne de 10^c, dont le modèle date de 1866, mais qui n'a été définitivement adopté qu'en 1869; 3° un canon de 8^c,4 adopté en 1871 pour être substitué au canon de 4 de campagne modèle 1862.

La première de ces bouches à feu est pourvue de l'appareil à double coin Kreiner ([1]), avec anneau obturateur en acier.

Les pièces de ce calibre ont été obtenues les unes au moyen de la refonte, les autres au moyen de la transformation des canons lisses de 12 liv. modèle 1851; elles ne diffèrent que par la forme et les dimensions de l'appareil de fermeture. Quelques bouches à feu neuves, en petit nombre, ont été fabriquées en acier fondu.

Le canon de 10^c est en acier fondu au creuset; il est forgé avec les tourillons d'un seul bloc. Extérieurement il est recouvert d'un vernis noir, excepté sur une partie plane destinée à recevoir le quart de cercle à niveau.

Le canon de 8^c,4 est en bronze.

Ces deux bouches à feu sont construites suivant les mêmes principes et présentent une grande ressemblance. La fermeture de culasse est à coin simple, avec anneau Broadwell. Quelques indications ont déjà été données sur ce système dans le numéro d'octobre de la *Revue d'artillerie*, nous les complétons ici par la légende suivante, qui se rapporte aux figures 1, 2, 3, 4 (planche VI), représentant le canon de 8^c,4 et dessinées à une assez grande échelle pour qu'on puisse aisément se rendre compte de toutes les parties du mécanisme.

([1]) Voir *Revue d'Artillerie*, tome I, page 18.

Coupe horizontale par l'axe de la bouche à feu.
(Figure 1.)

ab, face antérieure de la mortaise, perpendiculaire à l'axe de la bouche à feu.

a′ b′, face postérieure, un peu oblique à cet axe, de manière que la largeur de la mortaise diminue progressivement de la gauche à la droite; vers son extrémité gauche et au milieu de sa hauteur, se trouve *l'écrou de la vis de fermeture*, pièce en acier fondu, noyée entièrement dans la bouche à feu à laquelle elle est fixée par des vis, et contenant une portion d'écrou avec trois tours de filets.

C, coin de fermeture en fer forgé, de forme et de grandeur correspondantes à celles de la mortaise; ses arêtes longitudinales, surtout l'arête inférieure de devant, sont abattues. A son extrémité droite est la fausse âme *f*, à bords arrondis; au milieu de sa face antérieure est une excavation circulaire pour la contre-plaque; à son extrémité gauche, une excavation profonde, de forme rectangulaire, s'ouvre sur l'arrière et renferme la vis de fermeture; la paroi extérieure de cette excavation, formant la face gauche du coin, est percée d'un trou pour l'arbre de la manivelle.

d, disque de cuivre formant coussinet, fixé au fond de l'excavation circulaire par trois petites vis à tête noyée.

e, contre-plaque, en acier fondu, s'ajustant bien dans l'excavation et dépassant un peu la surface du coin; son bord postérieur est arrondi et sur sa face antérieure est creusé un léger évidement concentrique formant le fond de la chambre, entouré par le plan d'obturation, formant une couronne circulaire légèrement en saillie. Pour retirer la contre-plaque, on la chasse en frappant avec un marteau sur une broche introduite dans un trou qui traverse le coin.

g, anneau obturateur système Broadwell; sa face antérieure est évidée en forme d'U, avec le bras du dedans

court et droit, et celui du dehors plus long; sa face postérieure fait un peu saillie dans la mortaise, et est creusée
de deux ou trois rainures concentriques pour détruire la
force des filets gazeux qui parviendraient à s'infiltrer dans
le joint ([1]). On lui a donné extérieurement la forme d'un
segment de sphère afin qu'il s'ajuste dans la fraisure
sphérique qui termine la chambre. Chaque bouche à feu
a une contre-plaque et un anneau obturateur de rechange;
ils sont contenus dans une petite caisse enfermée elle-
même dans le coffre de l'avant-train de la pièce.

h, bague en acier fondu, qui ne se trouve que dans les
canons en bronze, et forme la fraisure dans laquelle se
loge l'anneau obturateur.

V, vis de fermeture, en acier non trempé, creuse, à filets
carrés tournant de droite à gauche; ces filets sont coupés
d'un côté jusqu'au noyau à l'exception du premier tour;
le noyau, sur lequel est pratiquée une rainure destinée à
recevoir une cale, est fixé sur l'arbre de la manivelle par
une vice noyée.

k, manivelle en fer forgé, composée d'un arbre avec
pivot, *embase*, *collet* et *tête* d'une seule pièce. Un bras creux,
avec boutons inégaux aux deux bouts, traverse la tête
dans laquelle il est fixé par une petite vis. Quand le plus
petit bouton est en avant, le côté aplati de la vis de fermeture se trouve dans le plan de la face postérieure du
coin; on peut alors enfoncer le coin dans la mortaise jusqu'à ce que le filet resté entier touche l'écrou de la vis de
fermeture; en faisant faire au bras de la manivelle un
demi-tour de manière à replacer horizontalement le
plus petit bouton en arrière, on aura fait entrer dans
l'écrou tous les filets de la vis, et le coin sera entièrement
enfoncé.

l, canal de la hausse.

([1]) *Revue d'artillerie*, tome I, page 23.

Élévation latérale gauche, la tête de la manivelle enlevée.
(Figure 2.)

m n, face inférieure de la mortaise ; à l'avant se trouve une rainure pour la crasse, et à l'arrière un talon à section quadrangulaire, parallèle à la face postérieure du coin et servant à le diriger.

P, embase de la manivelle, composée de deux parties de rayons inégaux, raccordées par des arcs concaves *q*, *q'* ; le premier, en venant buter contre le bouton d'arrêt *r*, arrête la vis de fermeture au moment où la partie coupée du filet arrive en face de l'écrou, c'est-à-dire lorsqu'on en peut retirer le coin pour effectuer le chargement.

s, ressort à moitié embrevé sur la tranche de l'embase et fixé par une vis à tête noyée ; il empêche le coin de se desserrer dans les marches.

Face postérieure du coin.
(Figure 3.)

f, fausse âme. — *V*, vis de fermeture. — *r*, bouton d'arrêt, qui n'est autre chose que la tête d'une vis. — *tt'*, rainure pour la *vis d'arrêt*. — *u*, bout aplati de la *vis d'arrêt* ; cette vis, qui a une tête en forme d'anneau avec embase circulaire, est logée dans la partie supérieure de la culasse ; elle sert à arrêter le coin, lorsqu'on le retire, au moment où l'axe de la fausse âme coïncide avec celui du canon.

Face supérieure du coin.
(Figure 4.)

t t', rainure de la vis d'arrêt.

Le tableau suivant fait connaître les principales dimensions des canons de 12^c, 10^c et 8^c,4.

ÉLÉMENTS PRINCIPAUX.	CANON DE 12c (Bouche à feu refondue).	CANON de 10c.	CANON de 8c,4.
Longueur totale de la bouche à feu.............mm	2100	2100	2000
Distance de l'axe des tourillons à la tranche de la culasse....................................	900	900	900
Longueur { de la partie lisse de l'âme	534	495	465
de la partie rayée	1566	1605	1535
du cône de raccordement..........	60	60	60
Diamètre de la partie rayée { dans les rayures...	120	108	87
entre les cloisons ..	123	105	84
Nombre des rayures...........................	12	12	12
Largeur des rayures { à l'avant.............mm	20,9	17,9	14
à l'arrière	20,9	23,0	18
Largeur des cloisons { à l'avant...............	10,5	17,7	7,99
à l'arrière .... m.	10,5	22,8	3,99
Pas des rayures........................... m.	6,00	4,20	3,30
Inclinaison des rayures { suivant l'hélice médiane..	3°35'43''	4°29'25''	»
suivant le flanc antérieur.	3°35'43''	4°34'52''	4°34'
suivant le flanc postérieur.	3°35'43''	4°24'00''	4°25'
Épaisseur du métal { près et en avant de la lumière mm	90,5	75,6	68,5
à la bouche...............	48	42	36
Distance de la lumière à la face antérieure de la mortaise du coin............................	90	»	80
Poids de la bouche à feu, sans l'appareil de fermeture kil.	865	610	418
Id. avec id.	903	636	433
Distance horizontale du centre de gravité à l'axe des tourillons (en arrière de cet axe)...........mm	87	72	»
Angle maximum qu'on peut { dans le sens vertical ..	16°42'	16°42'	16°42'
donner avec la hausse : { dans le sens horizontal	1°26'	1°26'	1°26'

Les hausses sont graduées, non pas en millimètres, mais en millièmes *de la longueur de la ligne de mire*, ce qui permet de trouver facilement l'angle de tir quand on connaît la hausse et réciproquement.

Instruments pour nettoyer l'âme des canons. — Dans chaque batterie de canons de 8°, 10° ou 12°, il se trouve un instrument *à nettoyer le canon*, et un instrument *à désemplomber les rayures*.

Le premier (pl. VI, fig. 5), consiste en un piston en chêne, rond, s'amincissant vers les deux bouts, et pourvu en son milieu d'un certain nombre de rainures. Il est percé suivant son axe ; dans le canal est engagée une corde de chanvre avec un nœud de chaque côté. Aux deux bouts de la corde se trouvent deux tiges de bois servant de poignées. Pour faire usage de l'instrument, on entoure le piston de chiffons, et deux hommes lui impriment un mouvement de va-et-vient dans la bouche à feu.

L'instrument à désemplomber (pl. VI, fig. 6) se compose d'un piston en bois qui se visse à l'extrémité d'une hampe. La partie postérieure du piston porte trois talons en bois dur, embrevés et fixés par des vis à bois, correspondant à trois rainures de la bouche à feu. Vers le devant se trouve un grattoir servant à nettoyer *le milieu du fond d'une rayure;* plus en arrière, des deux côtés de la queue du premier, sont deux grattoirs servant à nettoyer *les deux cloisons voisines;* enfin, tout à fait en arrière, est un grattoir double, pour nettoyer *les deux côtés du fond, les deux angles rentrants* et *les deux flancs de la rayure.* Ces grattoirs consistent en des ressorts d'acier, embrevés dans des entailles pratiquées dans le piston, fixés par des vis à bois, et terminés par un tranchant (celui-ci, pour le grattoir double, est tourné vers l'arrière). Les grattoirs ont une position correspondante à l'inclinaison des rayures; quand on introduit l'instrument dans la bouche à feu, ils sont pressés par leur élasticité contre les parois de l'âme et enlèvent le plomb; le grattoir double, faisant ressort des deux côtés, suit les flancs de la rayure cunéiforme, et nettoie les portions du fond qui, à droite et à gauche, n'ont pas été touchées par le grattoir de devant. — On sépare le piston de la hampe pour les placer dans le chariot de batterie.

II. AFFUTS ET VOITURES.

Affûts. — Le canon de 12ᶜ est monté sur un affût modèle 1843, modifié en 1853 et 1856. Il est accompagné de caissons modèle 1843, dont chaque coffre contient 24 coups, et subsidiairement de caissons du système Gribeauval, modèle 1810 et 1819, divisés en quatre compartiments contenant chacun 18 coups.

Les pièces de 10^c et de $8^c,4$ sont montées sur des affûts en fer. Les détails qui suivent, et les figures (7, 8, 9, 10, 11, pl. VII) se rapportent à l'affût du canon de 10^c.

Chaque flasque est formé d'un cadre en fer à équerre, composé de deux pièces se raccordant à joints plats aux extrémités postérieure et antérieure ; le dessus et le dessous forment des lignes droites qui vont en se rapprochant de l'avant à l'arrière ; le devant, arrondi, présente en dessus et en dessous des rentrants demi-circulaires pour l'encastrement du tourillon et de l'essieu. Le cadre est rempli par une feuille de tôle d'une seule pièce, fixée extérieurement par des rivets au côté vertical des bandes à équerre (voy. fig. 9). A la partie antérieure du flasque se trouve une *tôle de renforcement*, encastrée intérieurement entre les bandes à équerre, et fixée au cadre par les mêmes rivets que la tôle extérieure (voy. fig. 10).

Les deux flasques ont leurs parties antérieures parallèles, se rejoignent à la crosse, et sont reliés par : 1° une *tôle frontale*, ou entretoise de devant, échancrée à la partie supérieure ; 2° une *tôle transversale*, ou entretoise du milieu, placée un peu en arrière de l'essieu et également échancrée ; 3° une *tôle de recouvrement*, servant de couverture à toute la partie postérieure de l'affût, et percée d'une ouverture rectangulaire qui correspond à un *coffret d'armement*. Le fond de ce coffret repose sur les bandes à équerre inférieures ; ses parois latérales sont formées par les flasques. Il est fermé par un couvercle à charnière, et une bande à équerre, fixée en avant de celui-ci, empêche l'eau qui tombe sur la tôle de recouvrement d'entrer dans le coffret. Celui-ci renferme divers menus objets, tels que hausse, tire-feu, dégorgeoir, fiole à huile, brosse pour le coin de fermeture, etc.

La vis de pointage, en acier fondu, est verticale lorsque la pièce est en batterie ; elle se meut dans un écrou en

JOUFFRET.

bronze; celui-ci, assujetti dans une traverse par deux anneaux d'arrêt, reçoit au moyen d'un engrenage un mouvement de rotation lorsqu'on agit sur une manivelle placée en dehors du flasque droit (voy. fig. 11). La tête de la vis, un peu bombée, est aplatie des deux côtés pour pouvoir être ajustée dans une fourchette qui l'empêche de tourner, et sur laquelle pose la culasse du canon. La fourchette est reliée à la vis de pointage par une cheville ronde, avec embase au bout de gauche, rondelle d'arrêt et esse à celui de droite; les deux bouts de cette cheville sont allongés pour servir à mouvoir la vis dans le cas où la manivelle et l'engrenage seraient mis hors de service. La fourchette forme l'une des extrémités d'une longue tige, qui se termine à l'autre extrémité par une coulisse dans laquelle s'engage une cheville ronde, assujettie contre la face postérieure de l'entretoise du milieu.

Deux fourches, dans lesquelles se loge un refouloir court, sont fixées debout, au milieu du corps de l'affût, l'une sur le couvercle du coffret d'armement, l'autre sur la tôle de recouvrement; leurs bras, formant ressort, se rapprochent vers le haut. Devant l'essieu se trouve un marche-pied servant à transporter deux canonniers; il lui est relié par deux bras qui vont se rattacher à l'essieu des deux côtés du corps d'affût. Ces deux bras sont courbés en avant vers le bas, de manière que le marche-pied soit horizontal quand la pièce est sur avant-train, et ils sont articulés au milieu, ce qui permet de relever le marche-pied. Chacun de ces bras se termine vers le haut par un encastrement demi-circulaire avec plan de cale au fond afin qu'il ne puisse pas y avoir rotation autour de l'essieu.

Essieux. — Il y a deux essieux différents, l'un pour l'affût, l'autre pour les avant-trains et le caisson. Le premier, en acier fondu et forgé, est cylindrique. Le second, en fer forgé, est à section rectangulaire.

Avant-train. — Le corps de l'avant-train, le même pour les pièces et pour les caissons, est en bois. La réunion des deux trains est à suspension. Les deux trains ont la même roue.

Caissons. — Il y a deux genres d'arrière-train de caisson : l'un, *avec coffret d'assortiment et tiroir*, n'a pas de roue de rechange ; l'autre, *sans coffret d'assortiment ni tiroir*, est disposé pour le transport d'une roue de rechange. Dans le premier, qui forme les caissons pairs des batteries, le coffret est placé entre les deux coffres, la fermeture placée du côté gauche : il reçoit divers menus objets (tourne-vis, fiole à huile, clef anglaise, etc.) ; le tiroir est sous l'arrière du corps, à gauche : il renferme l'instrument à nettoyer le canon, des cordes, des chiffons, etc.

Coffres à munitions. — Tous les coffres à munitions des pièces et des caissons, pour le même calibre, ont les mêmes dimensions et le même aménagement intérieur. Sur le devant de chacun d'eux sont fixées deux courroies dans le prolongement l'une de l'autre ; elles servent à attacher les sacs des canonniers. Les coffres d'avant-train ont des *courroies de dossier*.

Le tableau suivant fait connaître les principales données relatives à l'affût de 10^c.

Hauteur de l'axe de la pièce au-dessus du sol........................		$1^m,11$
Distance {	entre les points d'appui des roues et de la crosse........	$1^m,80$
	du devant des roues à la bouche de la pièce.............	$0^m,573$
Largeur de la voie, entre les milieux des jantes.....................		$1^m,365$
Angle de la flèche avec le sol......................................		$21^o45'$
Angles de tir limites {	au-dessus de l'horizon	$14^o15'$
	au-dessous id.	$14^o30'$
Diamètre des roues...		$1^m,44$
Longueur totale de la voiture......................................		$7^m,50$
Pas de la vis de pointage		$0^m,012$
Poids de l'affût avec essieu, roues, sabot et chaîne de sabot, sans bouche à feu ni équipements...................................		550^k
Poids de l'affût avec bouche à feu et équipements...................		1217^k
Poids de l'avant-train équipé, avec munitions paquetées.............		757^k
Poids moyen par cheval, sans les servants		329^k
Id. avec les canonniers montés (5 hommes)......		394^k
Poids supporté par une des roues de devant, canonniers montés.......		415^k
Id. de derrière, id.		572^k

III. MUNITIONS.

Les canons de 8^c, 10^c et 12^c lancent trois sortes de projectiles, savoir :

L'obus ordinaire, avec fusée percutante ;

L'obus à balles (shrapnel), avec fusée à durée ;

La boîte à mitraille.

Dans l'obus ordinaire de 12^c, l'enveloppe de plomb, coulée autour du noyau, est maintenue mécaniquement par des côtes en saillie ; mais dans les autres obus ordinaires et dans les obus à balles, elle est soudée au zinc sur la surface du noyau préalablement tournée. Cette enveloppe présente quatre bourrelets à section trapézoïdale séparés par trois rainures ; le diamètre des bourrelets est égal à celui de l'âme du canon dans les rayures, et la profondeur des rainures est égale à celle des rayures. Afin que la bouche à feu soit nettoyée à chaque coup par le projectile lui-même, les rainures antérieure et postérieure sont remplies de ficelle de chanvre huilée, disposée en une couche serrée et solidement assujettie.

Obus ordinaires. — Dans l'obus ordinaire de 12^c, le vide intérieur est cylindrique. Dans ceux de 8^c et 10^c, on a cherché à augmenter et à régulariser le nombre des éclats, en donnant à cette cavité la forme d'un prisme octogonal, qui se raccorde d'un côté avec l'œil de la fusée par deux pyramides tronquées à huit faces, et de l'autre avec le centre du culot par une pyramide à huit faces très-obtuse ; quatre rainures circulaires équidistantes, situées dans des plans perpendiculaires à l'axe de l'obus, sont creusées sur les faces du prisme ; la pyramide du culot présente des rainures le long de quatre de ses arêtes, enfin celle qui est adjacente à l'œil présente sur chaque face une côte en saillie.

La fusée percutante est tout à fait semblable à celle de l'artillerie prussienne.

Obus à balles. — Les balles, en zinc, sont huilées et maintenues au moyen de colophane. La charge explosive est, comme dans l'artillerie prussienne, renfermée dans un tube en laiton placé au milieu du chargement; ce tube s'appuie sur une rondelle en caoutchouc, contre laquelle il est serré par la fusée, qui le ferme à sa partie supérieure. Extérieurement l'obus est peint en rouge, à l'exception de l'enveloppe de plomb et de la couronne en ficelle, qui sont enduits de plombagine.

L'obus à balles de 8ᶜ,4, adopté en 1871, a été construit sur un type nouveau, permettant de réduire l'épaisseur des parois, et par suite de loger dans l'obus un plus grand nombre de balles : la partie cylindrique est *en fer forgé;* le culot et l'ogive sont en fonte, celle-ci fixée à la partie supérieure par des rivets, celui-là vissé à la partie inférieure (¹).

La fusée de l'obus à balles est à durée continue du système Breithaupt, mais elle est organisée de manière que toutes ses parties puissent, sans danger, rester sur le projectile dans les transports, et qu'il n'y ait d'autre opération à faire au moment du tir que celle du réglage. Elle se compose (pl. VI, fig. 12) :

1º D'un *corps de fusée,* disque circulaire sur chaque face duquel s'élève un cylindre creux, fileté extérieurement. Le cylindre inférieur, rempli de poudre, se visse dans l'obus, dont l'œil est élargi de manière à loger, en outre, toute l'épaisseur du disque. C'est dans la face supérieure de celui-ci qu'est creusée la rainure à composition fusante, ne faisant pas tout à fait un tour entier, et dont une des extrémités communique, par un conduit incliné rempli de mèche à étoupille, avec la poudre du cylindre inférieur. Sur cette face, comme sur une râpe, des envies ont été relevées à coups de pointeau; on y a ensuite appliqué par

(¹) Des figures représentant l'obus ordinaire et l'obus à balles de 8ᶜ,4 ont déjà été données par la *Revue d'artillerie,* octobre 1872, tome Iᵉʳ, 1.IV.

pression une mince feuille de plomb, qui a été rivée par l'écrasement des envies ; on a obtenu ainsi un recouvrement très-solide, absolument imperméable à l'humidité, mais se laissant traverser par un jet de flamme qui fait fondre le plomb.

2° D'un *appareil percutant*, destiné à fonctionner au départ du projectile et renfermé dans le cylindre supérieur. Le percuteur, en alliage de plomb et d'antimoine, est suspendu par deux oreilles prenant appui sur le bord du cylindre ; il est soutenu, en outre, par un ressort à boudin, disposé dans le vide qui est au-dessous, afin que les oreilles ne puissent pas se casser pendant les transports. Au milieu de la base, se trouve une excavation renfermant la composition fulminante, pastille formée de 5 parties de chlorate de potasse, 4 de sulfure d'antimoine, 1 de verre pilé, le tout recouvert d'un vernis à la gomme. Une aiguille est fixée au fond du compartiment ; au bas de la paroi sont percés quatre trous donnant passage à la flamme, et réunis entre eux par une rainure circulaire extérieure.

3° D'un *anneau de réglage avec cadran*. Il est plat, en alliage de plomb et d'étain, de même que le corps de fusée. Sur sa face inférieure, d'un côté, est creusé un canal contenant l'amorce pour la composition fulminante, composée de pulvérin humecté d'alcool ; cette amorce est recouverte de tulle ; le reste du dessous de l'anneau est taillé en râpe et recouvert de drap collé. En amenant l'amorce au-dessus d'un point de la composition fusante, la combustion de celle-ci commencera en ce point et se propagera dans les deux sens, circonstance peut-être fâcheuse parce que les gaz, venant de deux directions opposées et n'ayant qu'un orifice d'écoulement, doivent éprouver des chocs, des remous nuisibles à la régularité de la combustion. Le réglage est déterminé par un repère gravé sur le corps de fusée et sur le projectile, vis-à-vis de cette embouchure, et par une graduation en secondes, demi-se-

condes et quarts de secondes, peinte sur le pourtour
extérieur de l'anneau.

4° D'un *écrou de serrage*, en alliage de plomb et d'étain,
à bord strié ; il se visse sur le logement du percuteur dont
il forme la paroi supérieure, et serre l'anneau à cadran
sur le corps de fusée ; une rondelle de laiton est inter-
posée entre l'anneau et l'écrou. Dans les magasins et pendant les transports, l'anneau est placé de manière que
l'amorce pour la composition fusante se trouve sur la
partie pleine conservée entre les deux bouts de celle-ci.
Pour régler la fusée au moment du tir, il suffit de dévisser
un peu l'écrou et de le resserrer après avoir tourné l'anneau jusqu'à ce que la division indiquant la durée voulue
coïncide avec le repère marqué sur le projectile.

Boîte à mitraille. — La boîte à mitraille des canons de
10^c et de 12^c se compose d'une forte feuille de zinc en-
roulée, d'un culot épais en zinc et d'un couvercle mince
également en zinc ; elle est peinte extérieurement en vert.
La boîte à mitraille de $8^c,4$ se compose d'une enveloppe
en tôle mince, avec culot en bois.

Le tableau suivant fait connaître les principales dimensions des projectiles des trois calibres, ainsi que les charges de tir employées.

Ces charges sont renfermées dans des sachets en éta-
mine (étoffe de filoselle), étranglés au milieu de leur longueur par une ligature, afin qu'on puisse les resserrer au
besoin.

ÉLÉMENTS PRINCIPAUX DES PROJECTILES.	OBUS ORDINAIRES			OBUS A BALLES			BOITES A MITRAILLES		
	de 12c.	de 10c.	de 8c.4.	de 12c.	de 10c.	de 8c.4.	de 12c.	de 10c.	de 8c.4.
Longueur totale du projectile avec fusée (sans la vis porte-amorce pour les obus ordinaires)..... mm	244,8	210,0	210,0	243,0	213,0	175,0	229,5	214,5	»
Longueur { du cône de raccordement.....	36,0	27,0	20,0	36,0	27,0	20,0	»	»	»
{ de l'ogive, sans la fusée.....	66,0	60,0	60,0	54,0	48,0	35,0	»	»	»
{ sur les bourrelots.....	123,0	108,0	$87 \mp 0,1$	123,0	108,0	$87 \mp 0,1$	117,0	103,5	»
Diamètre { dans la rainure du milieu.....	120,0	105,0	$83,9 \mp 0,2$	120,0	105,0	$83,9 \mp 0,2$	»	»	»
{ du noyau en fonte.....	»	101,4	$79,7 \mp 0,3$	»	101,4	$82 \mp 0,1$	»	»	»
Diamètre des balles en zinc.....	»	»	»	16,2	16,2	16,2	25,8	25,8	24,5
Nombre des balles..... kil	»	»	»	170	170	105	126	84	64
Poids du projectile vide..... kil	13,450	7,150	5,120	8,000	5,650	2,150	1,250	1,150	»
Poids de la charge d'éclatement..... gr	600	600	340	30	20	17	»	»	»
Poids total des balles..... kil	»	»	»	4,250	2,650	2,730	9,100	5,450	»
Poids total du projectile prêt à être tiré..... kil	14,175	7,850	5,550	13,250	9,250	5,610	11,400	8,250	5,550 cu.
Poids par centimètre carré de section droite..... gr	»	87	100	»	»	»	»	»	»
Charge { pour le tir de plein fouet..... kil	1,060	1,060	0,840	1,060	1,060	0,840	1,060	1,060	0,840
{ pour le tir plongeant des obus ordinaires	0,375	0,250	»	»	»	»	»	»	»

IV. EFFETS DU TIR.

La *Revue d'artillerie* a déjà donné ([1]) les éléments balistiques du canon de $8^c,4$; le tableau suivant contient ceux du canon de 12^c, du canon de 10^c, et du canon de montagne de 8^c.

CANONS ET CHARGES.	DISTANCES DE TIR.	TANGENTES des angles de projection.	TANGENTES des angles de chute.	ZONES DANGEREUSES pour un but haut de 1m,80.	DURÉES DU TRAJET.	VITESSES d'arrivées.	ÉCARTS probables ([1])		
							en direction.	en hauteur.	en portée.
	mèt.			mèt.	secondes	mèt.	mèt.	mèt.	mèt.
CANON DE 12c. — Charge : 1k,060.	0	»	»	»	»	282	»	»	»
	500	0,0318	0,0334	54	1,84	262,7	0,10	0,20	5,75
	1000	0,0671	0,0741	24	3,81	244,6	0,30	0,60	8,00
	1500	0,1064	0,1234	15	5,94	227,3	0,55	1,35	10,70
	2000	0,1508	0,1846	10	8,25	210,9	0,90	2,60	13,80
	2500	0,2014	0,2616	7	10,78	195,2	1,40	4,65	17,60
	3000	0,2605	0,3624	5	13,57	180,2	2,10	8,25	22,00
	3500	0,3318	0,5011	4	16,72	165,8	»	»	»
	4000	0,4230	0,7199	2,5	20,40	152,4	»	»	»
CANON DE 10c. — Charge : 1k,060.	0	»	»	»	»	398	»	»	»
	500	0,0200	0,0215	83	1,37	343,2	0,15	0,15	7,00
	1000	0,0432	0,0500	36	2,92	304,1	0,40	0,40	7,65
	1500	0,0703	0,0870	21	4,67	269,7	0,75	0,75	8,65
	2000	0,1018	0,1349	14	6,65	239,7	1,10	1,30	9,75
	2500	0,1388	0,1967	9	8,89	213,7	1,50	2,30	11,45
	3000	0,1825	0,2768	7	11,44	190,9	2,00	3,85	13,55
	3500	0,2350	0,3841	5	14,35	172,1	»	»	»
	4000	0,2998	0,5342	3	17,75	157,7	»	»	»
CANON DE 8c de montagne — Charge : 0k,300.	0	»	»	»	»	238	»	»	»
	500	0,4900	0,0523	35	2,24	209,5	0,45	0,80	10,15
	1000	0,1055	0,1212	15	4,80	184,1	1,00	2,10	12,15
	1500	0,1720	0,2149	9	7,74	161,3	1,75	4,55	15,80
	2000	0,2530	0,3551	5	11,19	141,5	»	»	»

([1]) On n'a qu'à multiplier ces nombres par 2 pour avoir l'étendue dans laquelle tombent 50 0/0 des coups, et par 8 pour avoir celle dans laquelle il en tombe au moins 99 0/0.

([1]) Octobre 1872, tome Ier, page 82.

V. ORGANISATION.

L'artillerie suisse se divise en: *artillerie de campagne*, *artillerie de position*, *artillerie de parc*, *train de parc et de ligne*.

L'*artillerie de campagne* comprend le personnel attaché aux batteries rayées de $8^c,4$ et de 10^c et aux batteries de montagne. L'*artillerie de position* est formée par les compagnies de position chargées de la défense des ouvrages de fortification. Les *compagnies de parc* sont attachées aux parcs de division et de réserve. Le *train des parcs* conduit les voitures des parcs de division et des parcs de réserve ainsi que les trains de pontons. Le *train de ligne* attelle les voitures des ambulances, les caissons des bataillons d'infanterie, des compagnies de carabiniers et des troupes du génie.

En temps de guerre, on attache à chaque division de l'armée (forte d'environ 10000 hommes) une brigade d'artillerie formée de 3 ou 4 batteries; et un parc de division composé d'une compagnie de parc et d'une compagnie de train de parc. Sept brigades, de 2 ou de 4 batteries chacune, et 3 parcs de réserve constituent la réserve d'artillerie.

A la tête de l'artillerie se trouve l'*inspecteur de l'arme* qui relève directement du Conseil fédéral ou de son département militaire; en cas de mobilisation il est de droit commandant en chef de l'artillerie. Il a sous ses ordres l'*instructeur en chef* (chef d'état-major de l'artillerie et du corps des instructeurs), et en outre l'*intendant du matériel* et le *contrôleur des poudres*. L'inspecteur, l'instructeur en chef et l'intendant du matériel, assistés de deux officiers supérieurs, composent le *comité de l'artillerie*, chargé d'étudier les questions nouvelles et les propositions.

Les *officiers instructeurs de 1re classe* commandent les écoles de recrues et dirigent les cours de répétition.

Les *officiers instructeurs de 2e classe* sont chargés de l'instruction des officiers, des sous-officiers et de la troupe. Les *sous-instructeurs*, du grade d'adjudant sous-officier, instruisent spécialement la troupe.

Le Conseil fédéral pourvoit à toutes les fonctions ci-dessus énumérées; ceux qui en sont revêtus sont rééligibles tous les trois ans.

Il y a en outre, à Thoune, un *directeur* (avec un adjoint) chargé du laboratoire et de l'atelier de confection des munitions d'infanterie, et un second officier dirigeant l'atelier de construction. Le matériel contenu dans les arsenaux de Rapperschwyl, Thoune, Lucerne, Morges et Frauenfeld, est commis à la garde d'un *intendant du matériel*.

Les troupes comprennent le personnel nécessaire pour :

$$\text{41 batteries attelées} \begin{cases} \text{11 de } 10^c; \\ \text{30 de } 8^c,4; \end{cases}$$

4 — de montagne de 8^c;

12 compagnies et 3 ½ compagnies de position;

12 compagnies de parc;

14 compagnies du train des parcs.

La batterie de campagne de $8^c,4$ a 19 voitures, savoir:

6 pièces	attelées à 6 chevaux ;
9 caissons	Id. 4 Id;
1 affût de rechange	Idem;
1 forge	Idem;
1 chariot de batterie	Idem;
1 fourgon pour bagages	Idem;

son effectif est de 165 hommes et 104 chevaux (20 de selle, 84 de trait.)

La batterie de campagne de 10^c a 16 voitures, savoir: 6 pièces et 6 caissons attelés à 6 chevaux, 1 affût de rechange, 1 forge, 1 chariot de batterie et 1 fourgon attelés à 4 chevaux. Son effectif est le même que celui de la batterie de 8^c.

La batterie de montagne est de 4 pièces; elle a 128 hommes et 55 chevaux (dont 10 de selle).

Le tableau suivant fait connaître l'approvisionnement en munitions des batteries de 10ᶜ.

MUNITIONS.	BATTERIE EN LIGNE.								PARC.		DÉPOT (réserve non mobilisée).		TOTAL.	
	Batterie de manœuvre.			Réserve de la batterie.			Total.							
	6 pièces.	6 caissons.	Total.	Affût de rechange.	Chariot de batterie.	Total.	Par batterie.	Par pièce.	8 caissons.	Par pièce.	Par batterie.	Par pièce.	Par batterie.	Par pièce.
Obus ordinaires	120	360	480	20	»	20	500	83,3	180	30	760	126,7	1440	240
Obus à balles	48	144	192	8	»	8	200	33,3	72	12	448	74,7	720	120
Boîtes à mitraille	24	72	96	4	»	4	100	16,7	96	6	104	17,8	240	40
Charges de 1060 grammes	192	576	768	32	»	32	800	133,3	288	48	1312	218,7	2400	400
Charges de 250 grammes	24	72	96	4	»	4	100	16,7	36	6	164	27,3	300	50
Étoupilles	300	720	1020	50	200	250	1270	211,7	360	60	1370	228,3	3000	500
Vis porte-amorce, et goupilles de sûreté pour fusées percutantes	240	540	780	40	140	180	960	160	270	45	810	135	2040	340
Nombre total de coups	192	576	768	32	»	32	800	133,3	288	48	1312	218,7	2400	400

Nancy et Paris, Berger-Levrault et Comp.

DÉTAILS DU CANON DE 8ᶜ 4 (¼)

Fig 3. Vue supérieure du mur.   Fig 2. Ressort et roue à gorge.   Fig 1. Coupe transversale (½)   Fig 6. Coupe vue par dessus...

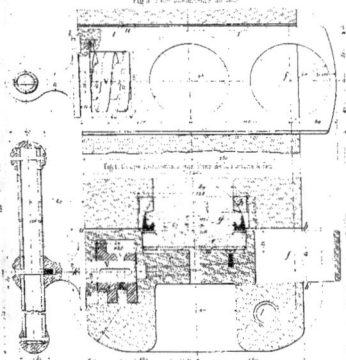

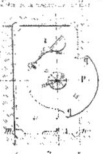

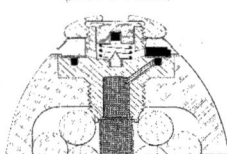

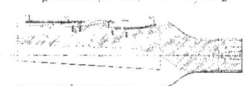

Fig 1. Coupe longitudinale sur l'axe de la pièce à feu.

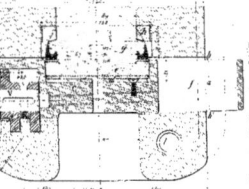

Fig 4. ...longitudinale sur...

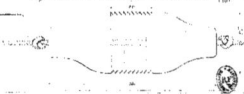

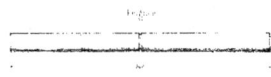

Fig 5. ...

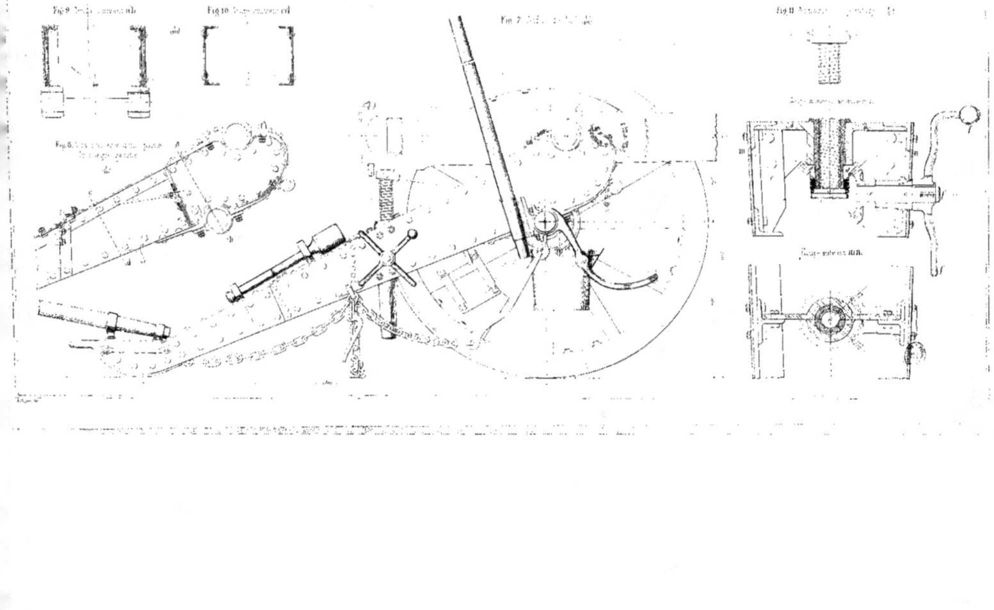

Fig. 9   Fig. 10

Fig. 7

Fig. 8

Fig. 11

8

BIBLIOTHEQUE NATIONALE DE FRANCE

3 7531 04668001 4

www.ingramcontent.com/pod-product-compliance
Lightning Source LLC
Chambersburg PA
CBHW060803280326
41934CB00010B/2544

* 9 7 8 2 0 1 9 6 2 0 2 0 2 *